SUR

LA TRAITE DES NÈGRES.

RÉSUMÉ

DU

TÉMOIGNAGE

DONNÉ DEVANT UN COMITÉ
DE LA CHAMBRE DES COMMUNES
DE LA GRANDE-BRETAGNE ET DE L'IRLANDE,

TOUCHANT

LA TRAITE DES NÈGRES;

ADRESSÉ DANS CETTE CRISE PARTICULIÈRE
AUX DIFFÉRENTES PUISSANCES
DE LA CHRÉTIENTÉ.

PARIS,

ADRIEN ÉGRON, IMPRIMEUR
DE SON ALTESSE ROYALE MONSEIGNEUR LE DUC D'ANGOULÊME,
rue des Noyers, n° 37.

DELAUNAY, LIBRAIRE, AU PALAIS-ROYAL.

1814.

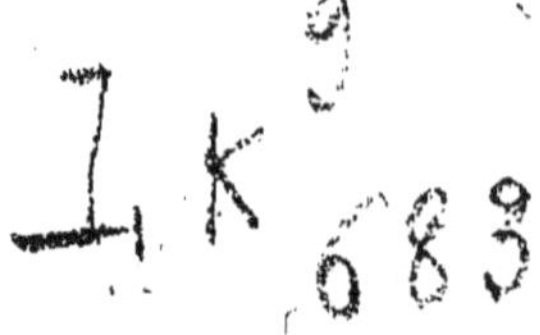

A LEURS MAJESTÉS IMPÉRIALES

ET ROYALES,

ET

A LEURS REPRÉSENTANS

AU CONGRÈS DE VIENNE.

TRÈS-ILLUSTRES ET GÉNÉREUX POTENTATS,

Si l'on considère que la destinée du monde sera probablement fixée au congrès qui va s'ouvrir à Vienne, rien ne saurait être plus convenable que de soumettre à votre considération très-sérieuse le cas des malheureux Africains, afin qu'ils puissent, dans cette occasion solennelle, avoir part à votre humanité, à votre justice, aussi bien que le reste des humains. Leur situation sera clairement exposée dans les pages suivantes. L'authenticité des détails qui s'y trouveront en abrégé est établie par des témoins dignes de foi, et, dans la plupart des cas, par des hommes extrêmement respectables. Leur témoignage fit une si forte impression sur le Parlement britannique que, dans l'année 1807, par un vj

décret qui l'honore à jamais, il arrêta que ce trafic barbare était entièrement aboli parmi ceux de sa nation.

Très-illustres et généreux Potentats, vous êtes, sous la volonté de Dieu, gouverneurs pour le bien. L'ordre et le bonheur de la société exigent indispensablement qu'il existe une distinction entre la vertu et le vice, que l'innocence soit protégée, que le vol et le meurtre soient punis : un tel système est essentiel à cet ordre, à ce bonheur. Si vous abandonniez ces principes, n'éprouveriez-vous pas, chez vous, les malheurs de l'anarchie et de la misère? Mais ces principes ne sont-ils pas éternels? ne sont-ils pas obligatoires pour tous les hommes, tous les siècles, tous les peuples? Devriez-vous donc permettre à vos sujets de les violer avec impunité dans leur communication avec d'autres nations? Et s'ils les violaient, l'injustice et le malheur n'en seraient-ils pas la suite inévitable? Il est à présumer que vous ignorez totalement ce qui se passe sur le continent de l'Afrique dans cet horrible commerce ; car si vous connaissiez la manière dont il s'exerce, et quels en sont les funestes effets, vous feriez tarir, sur-le-champ, cette source de forfaits. Ne pas arrêter le crime quand on le peut, c'est en être complice. Vous repousseriez avec horreur cette complicité ; à vos oreilles retentiraient ces mots de la sainte Écriture : « La voix du sang de ton frère crie de la terre « jusqu'à moi (1). » Quelques-uns d'entre vous ont été en danger; d'autres ont souffert le bannissement, d'autres l'injuste privation de leur liberté dans les pays étrangers : mais heureusement la Providence divine les a rendus à leurs gouvernemens héréditaires ; et lorsque vous éprouvez vous-mêmes les effets de cette interposition divine en votre faveur, permettrez-vous que les innocens indigènes de l'Afrique soient arrachés de leur patrie et condamnés, eux et leur postérité, à un esclavage perpétuel! Un grand nombre de vos sujets ont été forcés de boire à grands traits dans la coupe d'affliction ; et lorsque vous l'avez éloignée de leurs lèvres, leur permettrez-vous de la faire boire aux autres, qui ne leur ont jamais fait le moindre mal ? Lorsque vous avez arrêté le torrent de sang qui inondait l'Europe, voulez-vous en rompre les digues, et le relancer, par un canal nouveau et plus grand, dans l'Afrique ? Oh ! non, sans doute. Que l'ère de votre délivrance soit marquée, dans l'histoire du monde, comme celle de la délivrance des autres. En signant le traité définitif, rendez-le mémorable en proscrivant l'exécrable bâtiment négrier dans toutes les

____

(1) Genèse, ch. iv, v. 10.

parties du globe. Par là, vous manifesterez votre reconnaissance de la manière la plus convenable et la plus agréable à Dieu, pour les bienfaits dont il vous a comblés. Vous lui offrirez les actions de grâce qui feront éclater la sincérité de votre gratitude, et qui s'accorderont mieux avec ses divins attributs.

RÉSUMÉ

DU

TÉMOIGNAGE

DONNÉ DEVANT UN COMITÉ DE LA CHAMBRE DES COMMUNES
DE LA GRANDE-BRETAGNE ET DE L'IRLANDE,

TOUCHANT

LA TRAITE DES NÈGRES.

CHAPITRE PREMIER.

Quelle idée on doit se faire des Africains.

L'AFRIQUE est un continent bien plus étendu que l'Europe. Elle contient près de 10,000 milles anglais de côtes. Elle abonde en productions utiles et de grande valeur, telles que le coton, le café, les cannes à sucre, l'indigo, le tabac, le riz, les épices, le poivre de plusieurs espèces, les drogues médicinales, différentes sortes de bois et de plantes tinctoriales, l'or et d'autres minéraux, et la plupart des denrées que l'Asie et l'Amérique produisent. Sa situation est préférable, pour le commerce, à celle des autres contrées du monde, ayant une communication plus aisée avec l'Europe, l'Asie et l'Amérique, qu'aucune de ces trois parties n'en a avec les autres. Ce fait étant reconnu, nous devons trouver étrange, et même contraire à la politique, que les Européens aient préféré de faire un commerce des corps des habitans à un commerce des productions de leur sol. Nous nous abstiendrons de traiter cette partie du sujet ; nous n'avons point affaire avec la politique, mais avec la justice, dans l'occasion présente. Notre devoir est de représenter les naturels de l'Afrique comme des peuples auxquels on a fait de très-grands torts, et dont les droits, violés de la manière la plus effrontée, réclament, à toute l'Europe civilisée, que ses torts soient redressés. Nous bornant à ce point de vue, nous commencerons par la question courte, mais énergique, « quelle idée doit-on se former des Africains ? »

A cette question, les témoignages présentés au Parlement britannique donnent une réponse satisfaisante.

Le chevalier George Young et le capitaine Thompson (tous les deux de la marine royale), et le révérend M. Newton, et MM. Falconbridge et Wilson, chirurgiens, déclarent que les facultés intellectuelles et morales des Africains seraient égales à celles des Européens, s'ils avaient les mêmes moyens de les développer.

M. Wadstrom, qui a voyagé pour faire des découvertes en Afrique, par ordre du roi de Suède, assure la même chose, car il dit que les Africains sont aussi capables de faire des progrès que les Blancs. Il trouva parmi eux des ouvriers qui savaient fabriquer l'or et le fer; d'autres travaillaient le drap et la peau avec propreté, teignant l'un et tannant l'autre; d'autres faisaient de l'indigo, du sel, du savon et de la poterie avec beaucoup d'adresse. Il s'offrit de produire plusieurs échantillons de leurs ouvrages.

Cette relation de leur capacité et de leurs fabriques est confirmée par le capitaine Wilson, de la marine royale, le lieutenant Dalrymple, de l'armée, et M. Kiernan, qui ont visité les mêmes côtes.

Quant à leur sensibilité, beaucoup de traits s'en trouvent rapportés dans le cours des dépositions. M. Wadstrom est convaincu qu'ils surpassent en tendresse les Européens qu'il a connus; ils ont de la probité et sont hospitaliers. Il a vécu parmi eux sans crainte, quoique seul, et toujours traité par eux avec honnêteté et bonté. Le capitaine Wilson dit qu'ils sont reconnaissans et affectionnés. Lorsqu'il était enfoncé dans l'intérieur de leur pays, seul et sans protection, ils l'ont traité de la manière la plus amicale, le recevant à l'envi, et versant des larmes à son départ. Le capitaine Thompson, ci-devant mentionné, le lieutenant Story, de la marine royale, le lieutenant Dalrymple, M. How (le botaniste), M. Towne, et le capitaine Hall, de la marine marchande, s'accordent tous à les représenter comme incapables de nuire, serviables, hospitaliers, justes et exacts dans les affaires, et aussi capables de faire des actions vertueuses que le reste du genre humain. M. Bowman, qui a demeuré parmi eux, les a trouvés bons et honnêtes, serviables et hospitaliers, industrieux, enclins au commerce, faisant croître du riz pour le vendre. Ils lui dirent qu'ils aimeraient de trafiquer avec « les bons hommes blancs, » et qu'ils feraient bientôt d'autres plantations de riz. Le capitaine Hills, de la marine royale, a vu qu'ils faisaient croître des plantes utiles à la vie, et qu'ils apprêtaient leur blé. Ils lui semblaient doués d'une grande sensibilité. Plusieurs d'entre eux parlaient bon français et anglais.

Tel est le narré des témoins qui viennent d'être cités. Il est cependant bien triste d'observer qu'à mesure qu'ils font connaissance avec les Européens occupés à la traite des Nègres, leurs dispositions paraissent s'altérer : ils sont meilleurs là où ils ont le moins de communication avec les derniers. Le lieutenant Story nous dit que les habitans de l'intérieur ont plus de probité que ceux des côtes. M. Towne, qui s'est avancé trois ou quatre cents milles dans le pays, dit que ces naturels, hospitaliers et serviables, ont de la facilité pour apprendre les langues; dans l'intérieur, ils sont innocens; mais sur la côte, leur communication avec les Européens les a rendus habiles dans l'art de tromper, et leur a enseigné à piller et à s'enlever les uns les autres, pour vendre leur proie. Le docteur Trotter (médecin) dit qu'ils sont susceptibles de toutes les vertus sociales. Il a connu des traits de sensibilité égaux à ceux de telle nation civilisée que ce soit, et n'a vu aucune mauvaise disposition, que parmi ceux qui faisaient le commerce avec les Blancs. Le capitaine Hall trouva la culture dans un état de perfection à Fernandipo, où il n'y avait point de commerce d'esclaves. M. How (le botaniste) a visité presque tous les établissemens anglais, et il a toujours trouvé que la culture était plus parfaite là où il y avait peu de commerce d'esclaves, et que tout l'opposé arrivait où c'était le contraire. Le révérend M. Newton dit que les meilleures gens étaient ceux qui avaient le moins de communication avec les Européens; et qu'ils empiraient par leurs liaisons avec nous; et lorsqu'il y

avait quelqu'un parmi eux accusé d'un délit, il répondait :
« Croyez-vous que je suis un Blanc ? » Il a demeuré, seul et
sans danger, parmi la nation dite Sherbro, et l'a trouvée ser-
viable et civilisée. Le lieutenant Dalrymple assure que, pour
la capacité naturelle, les Africains égalent les autres nations. Ils sont humains et bien intentionnés ; et il est à croire
que s'ils avaient un marché (ou débouché) pour leurs pro-
duits, ils auraient autant d'industrie que les Européens : car,
dans les endroits où il n'y avait point de commerce d'esclaves,
ils étaient fort industrieux, faisant de la toile de coton, tra-
vaillant l'or, l'argent et le fer, aussi bien que le bois et le cuir,
faisant des selles, des carquois, des gaînes et d'autres objets.

CHAPITRE II.

Comment les Africains sont faits esclaves.

UNE manière de faire des esclaves est par la guerre, ou le
vol public, ce qui, en Afrique, signifie la même chose.

Les Maures, qui habitent la rive gauche du Sénégal, sont
très-connus par des déprédations de cette sorte. Ils traversent
la rivière sans avoir reçu aucune provocation, et font la
guerre contre les habitans de l'autre rive, les emmenant prisonniers et les vendant comme esclaves au fort St.-Louis.
M. Kiernan, déjà mentionné, a vu les débris des villages qui
avaient été pillés de cette manière dans de telles expéditions.

Les capitaines Hills et Wilson, et M. Wadström, aussi
bien que le lieutenant Dalrymple, nous informent que les rois,
dans cette partie du pays, n'hésitent pas à faire la guerre à
leurs propres sujets, lorsqu'ils ont besoin d'argent. Ils envoient,
la nuit, leurs soldats, qui prennent leurs postes, attaquent ou
brûlent un village, saisissent ceux qui en sortent, les em-
mènent comme esclaves, et s'en retournent.

Les mêmes moyens sont employés depuis la rivière de Gam-
bie jusqu'au bout de la côte du Vent. Le lieutenant Story dit
que le vol public est appelé ici *guerre*. M. Bowman, autre

témoin, dit que lorsque des partis de voleursmettaient le feu
aux villages, on appelait cela *faire la guerre*. Cette relation
est confirmée par M. Towne et le chevalier George Young ;
et tous s'accordent à dire que ces partis vont la nuit, attaquent des villages et en emportent les habitans, les faisant
esclaves. MM. Towne, Bowman et Story les ont vus partir
pour de telles expéditions ; et le dernier les accompagna une
fois, pour savoir la vérité. Ils arrivèrent à une ville au milieu
de la nuit, y mirent le feu et enlevèrent beaucoup d'habitans.
Cette coutume est si habituelle, que, le long des rivières
Scassus, Sierra-Leone, Junk, et au cap Mont et Bassau, l'on
voit les restes de villages brûlés et déserts par la suite de telles
attaques, et les naturels du pays vont toujours armés. Il est
dit que, dans une des villes, il ne restait que deux ou trois maisons, et deux plantations de riz, prêt à être coupé, dont les
habitans n'ont pu jouir, ayant été enlevés. Le lieutenant
Simpson, des troupes royales de la marine, autre témoin, a
été informé que les villages de la côte du Vent étaient toujours en guerre ; et la raison en était que les rois avaient besoin d'esclaves. M. Morley, autre témoin, raconte la même
chose. Il dit que les esclaves se font généralement par des
voleurs qui vont, la nuit, de village en village.

La côte d'Or, qui est près de la côte du Vent, nous présente la même triste scène. Le révérend M. Quakoo, aumô-
nier dans une de ces factoreries, pendant plusieurs années, a
rapporté au lieutenant Simpson, que souvent ils faisaient la
guerre seulement pour faire des esclaves. Le docteur Trotter
dit que, dans ces pays-là, en parlant des prisonniers de guerre,
ils désignent les individus enlevés par les voleurs, qui vont
ravager le pays pour cette fin ; les Bushmen (hommes de
buissons) faisant la guerre pour faire du commerce, est une
manière de parler usitée parmi eux ; et dans une cargaison
nombreuse d'esclaves, il ne se souvenait que de trois qui n'a-
vaient pas été procurés ainsi. Le chirurgien Falconbridge
déclare que le mot « guerre, » employé par ceux qui font la
traite sur cette partie de la côte, signifie une expédition en
pirates pour faire des esclaves. M. Morley dit que ce qu'ils
appellent « guerre » signifie mettre les villages en confusion
et attraper les habitans qu'ils vont vendre sur la côte, où l'on
sait bien qu'on ne fait point de questions sur la manière dont

ils ont été acquis. Un capitaine de vaisseau de la traite, lorsqu'il fut examiné par la Chambre des Communes, avoua qu'il croyait qu'un capitaine serait regardé comme un sot par ceux qui font ce commerce, s'il faisait cette question; M. Marsh, le résident au château de Cape-Coast, dit à M. How qu'il ne s'embarrassait pas des moyens employés pour avoir les esclaves qu'il achetait, et il lui montra des instrumens qu'on mettait dans la bouche des esclaves pour les empêcher de crier au secours, pendant que les voleurs les menaient à travers le pays.

Depuis l'extrémité de la côte d'Or jusqu'à l'extrémité de celle d'Angola, qui sont les limites du commerce d'esclaves, et dont les vastes pays sont arrosés par plusieurs rivières navigables, on voit régner ces coutumes atroces : ils vont la nuit dans les villes, les incendient, et enlèvent les habitans, ou mettent la confusion dans les villages, et attrapent ceux qu'ils peuvent : ces irruptions s'appellent faire la guerre. Les expéditions de pirateries se font souvent par eau. M. Douglas dit que lorsqu'un vaisseau de la traite arrive, le roi envoie ses canots de guerre, qui montent la rivière, où ils surprennent et saisissent les indigènes. Le chirurgien Falconbridge, M. Morley et M. Isaac Parker confirment la relation. Les rois font monter les grandes rivières de Bonny et Calabar à leurs escadres de canots armés, qui reviennent avec des esclaves. M. S. Parker a monté deux fois la rivière de Calabar avec une de ces escadres, et peut-être il est le seul Blanc qui a eu la permission d'aller avec eux. Quand le jour ils approchaient d'un village, ils se cachaient derrière les buissons; mais la nuit venant, ils se précipitaient sur les cabanes, et enlevaient tous ceux qu'ils pouvaient attraper. De cette manière, ils montaient la rivière jusqu'à ce qu'ils eussent fait quarante-cinq prisonniers, qu'ils amenaient à New-Town, et les vendaient aux Européens. Environ quinze jours après, on lui permit de les accompagner dans une autre expédition. Ils allèrent piller d'autres villages plus haut sur la rivière, se saisissant d'hommes, femmes et enfans, qu'ils arrachaient de leurs cabanes. Ils prirent environ le même nombre, et les menèrent à New-Town comme auparavant.

Une seconde manière par laquelle les malheureux Africains sont faits esclaves, c'est le vol particulier, c'est-à-dire vol par les individus. Cette méthode entraîne toutes sortes de trahisons. M. Wadstrom nous dit qu'à Dakard demeurait un nommé Ganna, voleur d'hommes, très-connu et employé à ce métier par les trafiquans. Il vit enfermés une femme et un garçon qui avaient été enlevés. Le garçon avait été dérobé et emporté loin de ses parens, demeurant dans l'intérieur, au-dessus du cap Rouge; et la femme avait été arrachée à son mari à Rufisque. Il vit ensuite plusieurs des habitans qui avaient été emportés de même, et de même emmenés à Gorée. A Sallum, le roi envoya chercher une pauvre femme, sous prétexte d'acheter du millet qu'elle avait à vendre; il la fit saisir et la vendit. Le général Rooke, gouverneur à Gorée, découvrit trois jeunes gens qui avaient été enlevés et menés à cet établissement, et à leur prière les renvoya à leurs parens. Trois capitaines de vaisseaux de la traite s'adressèrent à ce même gouverneur pour enlever cent cinquante hommes, femmes et enfans, (sujets du roi de Cayor), qui étaient venus à Gorée, en conséquence de la communication amicale qui subsistait entre lui et ce roi. Il refusa, et fut très-choqué de la proposition; mais les capitaines lui firent l'observation que cela était arrivé auparavant, sous un autre gouverneur. Le capitaine Wilson dit que lorsqu'il commandait le *Racehorse*, vaisseau de guerre, ces sortes de vols étaient très-fréquens sur le continent, vis-à-vis de Gorée. Le capitaine Lacy, son prédécesseur, avait envoyé un des naturels du pays avec des dépêches pour le service de sa majesté britannique; mais on se saisit du pauvre homme, et il fut vendu. Le capitaine Wilson le délivra quelque temps après du fond de cale d'un vaisseau de la traite, où il avait couru danger de la vie par le traitement cruel du capitaine français. Ces vols étaient si communs qu'ils étaient avoués de tous. C'était une règle universelle pour les habitans de ne jamais sortir sans armes, lorsqu'il y avait un vaisseau de la traite sur la côte, de crainte d'être enlevés. Lorsque Wilson les rencontrait armés, et leur en demandait la raison, en montrant du doigt un vaisseau de traite qui était à Portudal, ils indiquaient que leurs craintes venaient de ce quartier là. Le capitaine Hills, lorsqu'il commandait le *Zéphir*, corvette de guerre, sur la même partie de la côte, apprit d'autres faits semblables à ceux qui viennent d'être rapportés; il nous dit qu'il avait connu le même Ganna mentionné par M. Wadstrom : ce Ganna avait offert de lui vendre un jeune homme qu'il avait enlevé, et tous les habitans allaient armés de crainte d'être emportés de la même manière. Le capitaine Hills, étant à l'ancre dans la rivière de la Gambia, fit entendre au pilote noir qu'il souhaitait avoir quelques volontaires noirs pour son vaisseau. Le pilote appela deux garçons qui étaient à terre et qui portaient des paniers d'échalotes; il demanda au capitaine Hills s'il croyait que ces garçons lui conviendraient, parce qu'alors il les enlèverait et les porterait à bord. Le capitaine ne voulut pas les prendre. Le pilote noir parut mortifié, et dit que les vaisseaux marchands ne refuseraient pas une telle offre. Sur la côte du Vent, les vols de cette espèce étaient si connus, que suivant le chevalier George Young et le capitaine Thompson, ils avaient une dénomination spéciale, et étaient appelés Panyaring. Des attestations authentiques et multipliées prouvent que ces déprédations ont lieu sur toute la côte. On se bornera à quelques citations : à Sierra-Leone, ils enlevèrent un beau garçon; près de Galeuas, un trafiquant, retournant chez lui avec des marchandises, est saisi, chemin faisant, et vendu; plus bas, un jeune homme est saisi sur le rivage, et subit le même sort; près de Piccanini-Sestus, non-seulement une jeune fille est enlevée, mais son ravisseur est saisi à son tour, et vendu au même vaisseau; à la droite de Piccanini-Sestus, un jeune homme est invité à un festin, où il est trahi et fait esclave; un peu plus avant, un paysan ayant affaire chez un trafiquant noir, il y va : celui-ci lui demande s'il avait jamais vu un vaisseau, l'autre lui répond que non. Il s'engage à lui en montrer un, et le mène à bord d'un qui était à portée; quand il est là, il fait un marché avec le capitaine, vend l'homme, prend l'argent, et s'en va, laissant le pauvre paysan esclave; une jeune femme sort des bois à Bonny-Point, et va pour se baigner, des voleurs la guettent, la saisissent et la vendent; trois personnes traversent la rivière de Benin, un trafiquant noir avec ses gens, dans un des grands canots, les atteint, les enlève, les porte à un vaisseau, et les vend; de l'autre côté de la rivière de Benin, une femme est enlevée en revenant de faire une visite; un père et son fils furent enlevés pendant qu'ils étaient à planter des yams pour leur nourriture, et tous furent descendus à la côte par les voleurs, qui s'en défirent de la même manière.

Une troisième source qui produit l'esclavage, vient des crimes réels ou supposés. Le capitaine Wilson raconte que ceux qui sont vendus sous ce rapport, sont vendus au profit de leurs rois ou de leurs juges. Sur la question que l'on fit à l'officier du roi Damel (qui avait amené un coupable pour être vendu) si cet homme était coupable du crime qui lui avait été imputé, l'officier lui répondit que cela n'importait pas. M. Towne dit qu'il n'est pas rare d'acccuser faussement, ou de faire des « palavers, » c'est-à-dire des accusations fausses ou des procès sans fondement, pour se procurer des esclaves. M. Morley se souvient d'une femme qui fut vendue au vieux Calabar, sous prétexte d'adultère ; et M. Falconbridge dit que sur la rivière d'Ambris un officier du roi ayant besoin d'eau-de-vie et d'autres marchandises, et n'ayant point d'esclaves pour les acheter, accusa de fraude un homme qui vendait du poisson, et, après un procès à la hâte, le fit condamner et vendre.

Nous venons de rapporter quelques-unes des méthodes par lesquelles les infortunés Africains sont faits esclaves. En conséquence de la facilité que le trafic procure naturellement à ceux qui le font, ils peuvent fournir des milliers de victimes tous les ans. Les dépositions nous apprennent non-seulement que les Européens en allant à la côte d'Afrique pour chercher des esclaves sont les auteurs des actes d'injustice susdits, mais que dans bien des cas ils sont les instrumens actifs pour les effectuer. Nous sommes informés que la compagnie du Sénégal avait coutume de corrompre les Noirs, et leur fournissait de la poudre et des balles, pour faire prisonniers les sujets du roi Dalmammy ; quoique ce roi fût en paix avec eux. M. Wadstrom dit que c'était la coutume des marchands d'esclaves, lorsqu'ils en avaient besoin, de s'adresser aux rois du pays, et de les engager à faire saisir leurs propres sujets pour cette fin ; et que le roi Barbasin, ne voulant pas y consentir, y fut excité à force d'être tenu dans un état d'ivresse continuelle : il l'a entendu, lorsqu'il était sobre, refuser et exprimer sa répugnance ; mais lorsqu'il était ivre, il cédait à leurs sollicitations. M. Wadstrom accompagna une fois une ambassade, qui allait tous les ans du fort

Saint-Louis avec des présens à un autre roi noir, pour entretenir le commerce d'esclaves. Là, tous les soirs, on envoyait des escouades pour enlever du monde; il vit amener vingt-sept esclaves, dont vingt-trois étaient des femmes et des enfans. Le capitaine Patterson de Liverpool, qui était sur une autre partie de la côte, est accusé d'avoir semé la dissension entre deux villages, et d'avoir acheté les prisonniers de deux côtés. Le chevalier George Young fait mention d'un grand marchand d'esclaves dans le voisinage de Sierra-Leone, qui avait reçu des ôtages de deux rois. Il leur fournissait à tous les deux des armes et des munitions, et recevait des prisonniers des deux partis, pour former les cargaisons de sept vaisseaux qui les attendaient. M. Bowman dit qu'il avait ordre d'encourager les naturels à se faire la guerre, et de leur fournir de la poudre et des balles de la factorerie; en conséquence, il leur en faisait avoir. En les recevant, ils firent leurs cris de guerre, et se mirent en marche. Une fois il alla avec eux; à l'approche d'un village, ils s'arrêtèrent jusqu'à la nuit. Au milieu de la nuit, il entendit les cris de guerre, et bientôt vit le village en flammes : le parti revint, amenant environ trente hommes, femmes et enfans; quelques-uns des derniers étaient encore à la mammelle.

Nous sommes navrés de douleur de ne pouvoir finir ce chapitre sans narrer d'autres actions atroces par les mêmes gens. Les Européens, non contens d'avoir été les instrumens du crime, en mettant la discorde entre les différentes nations du pays, pour leur propre intérêt, ne se sont pas fait scrupule d'en enlever des individus eux-mêmes, et de les transporter loin de leurs pays, de leurs parens et de leurs amis. Les témoignages qui ont été donnés abondent en détails de cette espèce. Deux négocians noirs appartenans à Sierra-Leone sont invités par le capitaine Strangeways à bord de son vaisseau : ils sont saisis de la manière la plus perfide, et vendus. Un peu plus bas, sur la côte, les bateaux du vaisseau nommé *la Sally*, avec d'autres, attaquent un village la nuit et enlèvent les habitans. Entre Sestus et Setre-Crue, quatre des naturels du pays sont enlevés par un vaisseau de traite hollandais. Les gens du vaisseau *le Gregson* ont enlevé de cette même côte trente-deux personnes. Près du cap Lahou six canots allèrent à un vaisseau Anglais, avec des vivres, pour trafiquer; et tous ceux qui étaient venus ainsi, furent saisis et faits esclaves.

Près de Taboo, deux hommes vont à côté d'un vaisseau de la même nation, un d'eux est attiré à bord, où on l'enivre et on le fait esclave : l'autre, après avoir en vain appelé son camarade, s'éloigne du vaisseau, et malgré plusieurs coups de fusil tirés sur lui par le capitaine, s'échappe. A Gaboon, le capitaine Lambert s'empare d'un canot plein de monde ; et entre Gaboon et le cap Lopez, le capitaine Lambert saisit d'autres habitans et les emporte tous, pour les vendre comme esclaves.

CHAPITRE III.

Comment sont traités les Africains à bord des vaisseaux.

LES infortunés Africains, ayant été privés de leur liberté de la manière qui vient d'être dite, sont embarqués pour être transportés aux colonies européennes. Suivant la relation du docteur Trotter, ils montrent des signes de grande affliction, et même de désespoir, par un sentiment de leur situation, et le regret d'être arrachés de leurs parens et de leurs connaissances. Beaucoup d'entr'eux retiennent ces impressions très-long-temps. Souvent il a entendu les esclaves à bord de son vaisseau faire des hurlemens mélancoliques pendant la nuit, pour exprimer leur angoisse extrême. Une fois ayant demandé la cause de ce qu'il entendait, on lui dit qu'une femme avait rêvé qu'elle était heureuse au milieu de sa famille et de ses amis ; mais à son reveil elle fut frappée vivement d'horreur en revoyant sa situation affreuse. Ce suprême degré de sensibilité se voyait particulièrement dans les femmes, dont un grand nombre tombait en convulsions.

D'autres témoins confirment la relation de l'état d'angoisse que les pauvres Africains souffrent dans les occasions qui viennent d'être citées. M. Wilson, chirurgien, nous dit que lorsqu'ils étaient conduits à bord, une sombre rêverie s'emparait d'eux, et qu'elle continuait long-temps chez plusieurs. M. Falconbridge, chirurgien, assure que tous les esclaves qu'il a vus semblaient tristes et abattus quand on les amenait à bord. Les uns continuaient dans cet état pendant tout le voyage ; et d'autres, jusqu'à ce qu'ils mourussent. Le capitaine Hall dit que lorsqu'on les menait à bord pour être vendus, ils paraissaient toujours abattus. Les jeunes gens reprenaient bientôt leurs esprits, mais non pas les plus âgés ; ils étaient plus sensibles à leur perte, en se voyant forcés de quitter leurs liaisons les plus chères, et leur patrie !

Par les dépositions, il paraît que lorsqu'on livre les hommes à bord, ils sont mis dans les fers, enchaînés par paires : c'est-à-dire que la jambe droite d'un homme est attachée par une chaîne qui est fermée avec un cadenas à la jambe gauche d'un autre. Dans cet état ils sont jetés dans le fond du vaisseau. M. Newton ne leur ôtait jamais les fers que lorsqu'ils voyaient la terre des Indes Occidentales. Il croit qu'autrement le vaisseau aurait été en danger. M. Wilson croit que la traite ne pourrait pas se faire en sûreté si les hommes n'étaient pas dans les fers. Si le temps est beau pendant le jour, on les fait venir sur le pont pour prendre l'air. Ils sont placés dans une longue rangée de deux à deux ensemble, de chaque côté du vaisseau. On fait passer une longue chaîne par les fers de chaque paire d'hommes, et cette chaîne attache les rangées d'esclaves fermement au pont. Dans cette situation ils prennent leurs repas, qui consistent généralement en fèves à chevaux, riz et yams, avec un peu d'huile de palme et du poivre. Le capitaine Hall nous informe qu'après leur repas, on les fait sauter aussi haut que leurs chaînes leur permettent, au son d'un tambour ; s'ils refusent, on les fouette jusqu'à ce qu'ils obéissent. Les marchands d'esclaves appellent cela danser ; M. Falconbridge nous explique la raison de cette coutume, en disant que l'on oblige les esclaves à sauter pour faire de l'exercice ; et M. Claxton, chirurgien, dit que les parties où les chaînes sont fixées, se trouvent souvent écorchées par l'exercice violent auquel on les oblige, dont ils se sont plaints bien des fois amèrement. De la même manière on les encourage à chanter : mais, suivant M. Falconbridge, M. Morley, M. Claxton, M. Ellison et d'autres, tous leurs chants sont tristes et mélancoliques, exprimant leurs plaintes pour la perte de leur pays, et pour celle de leurs amis.

Lorsque le vaisseau est plein leur situation est vraiment déplorable. Une personne qui a toute sa croissance n'a dans les vaisseaux les mieux réglés, de place, que seize pouces anglais en largeur ; et deux pieds huit pouces anglais en hauteur, et cinq pieds onze pouces en longueur : ou, comme M. Falconbridge s'exprime, moins d'espace qu'un homme n'en a dans son cercueil. M. Wilson assure que les esclaves sont très-serrés dans le vaisseau. Ordinairement il ôtait ses souliers lorsqu'il descendait pour les voir, et il était obligé d'aller avec attention pour ne pas marcher sur eux. Le capitaine Knox avoue que quelquefois les esclaves n'avaient pas assez de place pour se coucher sur leur dos. Il paraît aussi que, s'ils sont lents, ou montrent de la répugnance à se ranger, ils sont pressés à coups de fouet. Le docteur Trotter dit qu'ils sont si serrés dans le vaisseau, qu'il est impossible d'aller où ils sont sans marcher sur eux : le premier pilote est chargé de les arranger. Quand ils ne se placent pas bien vite, un fouet à neuf cordons les y oblige.

Mais ensuite leur situation devient trop affreuse pour être représentée. Il n'y a point de langage qui puisse l'exprimer convenablement. Le capitaine Hall les a souvent entendus crier du fond du vaisseau pour avoir de l'air. L'espace entre les ponts était si échauffé, que souvent, après avoir été quelques minutes parmi eux, il a trouvé sa chemise si mouillée par la transpiration, qu'il aurait pu la tordre. M. Ellison dit que la vapeur qui montait de leurs corps resserrés passait à travers les caillebotis (treillis) comme celle d'une fournaise. M. Wilson les a souvent entendus se plaindre de la chaleur qui les étouffait. Les mauvais effets qui en résultaient, comme de leur emprisonnement, étaient des faiblesses et des évanouissemens. Il en a vu mourir quelques minutes après qu'on les avait fait monter. Leur mort avait été causée par l'air corrompu et la chaleur; il en a vu d'autres qui, descendus avec l'apparence de bonne santé la nuit, le matin ont été trouvés morts. Il avait un hôpital à bord; mais les esclaves malades étaient obligés de coucher sur les planches nues, de manière que le mouvement du vaisseau causait des écorchures aux parties saillantes de leurs corps. M. Falconbridge déclare pareillement qu'il a connu des esclaves descendus en bonne santé en apparence le soir, et le matin on les a trouvé morts. Il en ouvrit un pour apprendre avec certitude la cause de sa mort; et il trouva par l'apparence du thorax et celle du bas-ventre, qu'elle provenait de suffocation; il dit qu'une fois éta cendu il trouva vingt esclaves évanouis. Il les fit tr   rt sur le pont, mais malgré la vitesse avec laquelle on exécuta ce transport, deux ou trois moururent : une autre fois, quoiqu'il ne fût que quinze minutes en bas dans leur chambre, il se trouva si mal lui-même qu'il ne put remonter sur le pont sans secours ; et il n'a jamais été en bas plusieurs minutes de suite sans que sa chemise fût mouillée comme si elle eût été trempée dans l'eau : il dit aussi que comme les esclaves, tant en santé que malades, couchent toujours sur les planches nues, le mouvement du vaisseau enlève la chair des parties saillantes de leurs corps, et laisse les os presque dépouillés de chair. Lorsque les esclaves ont le flux, ce qui arrive souvent, tout l'entrepont est couvert de sang et de glaires comme dans une tuerie : étant enchaînés et très-serrés les uns avec les autres, la plus grande confusion a lieu lorsqu'ils tâchent d'aller à trois ou quatre cuves placées pour leurs besoins ; cette confusion est extrêmement augmentée quand il arrive que ceux en bonne santé se trouvent enchaînés à ceux qui sont malades, mourans ou morts ; ce qui n'est pas rare. Le docteur Trotter, en parlant sur le même sujet, nous fait une description également lugubre : il dit que lorsque les écoutillons dans les côtés du vaisseau sont fermés, en mauvais temps, les caillebotis (treillis) ne suffisent pas pour donner de l'air dans les entreponts. Il ne pouvait jamais respirer librement en bas, excepté lorsqu'il était directement sous les caillebotis ; il a vu les esclaves tirer leur haleine avec tous les efforts pénibles et pleins d'inquiétude pour la vie, ce que l'on remarque dans les animaux expirans que l'on force à recevoir du mauvais air pour faire des expériences, ou qui sont renfermés dans le récipient d'une machine pneumatique : il les a vus aussi quand on jetait les prélarts sur les caillebotis, essayer de les lever en criant dans leur langue « Kickeraboue ; kickeraboué. » « Nous nous mourons, nous nous mourons. » Quelques-uns d'entr'eux ont été sauvés par l'air qu'ils ont pris en étant menés sur le pont ; mais plusieurs ont péri entièrement par la suffocation, sans avoir montré aucun signe antérieur de maladie.

Ces relations, quoiqu'horribles, se trouveront très-dignes de foi lorsqu'on aura donné un coup d'œil sur la gravure ci-jointe : on y voit les dimensions et la coupe du vaisseau de la traite, *le Brookes*, comme elles ont été prises par ordre du Parlement Britannique.

FIG. I.

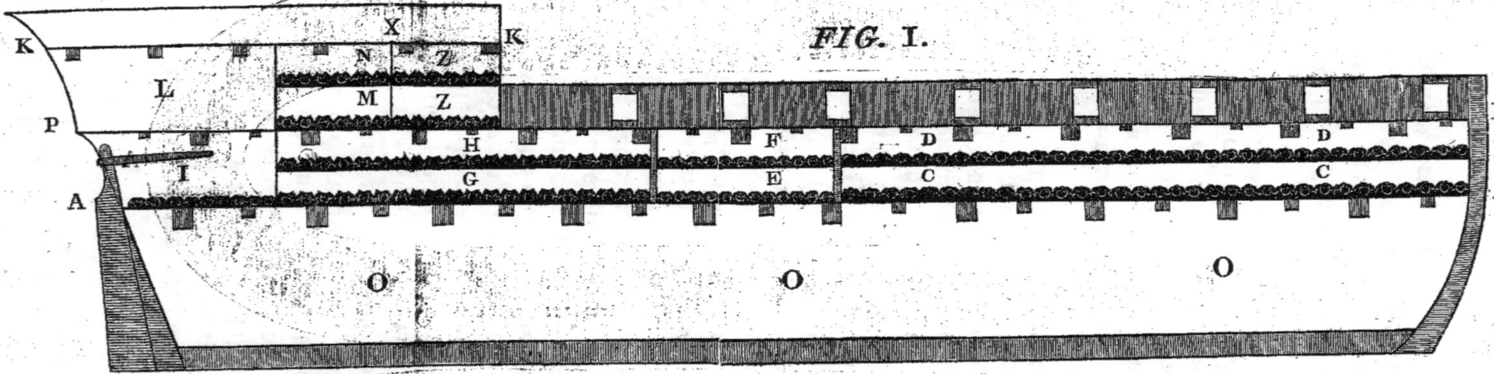

FIG. II.

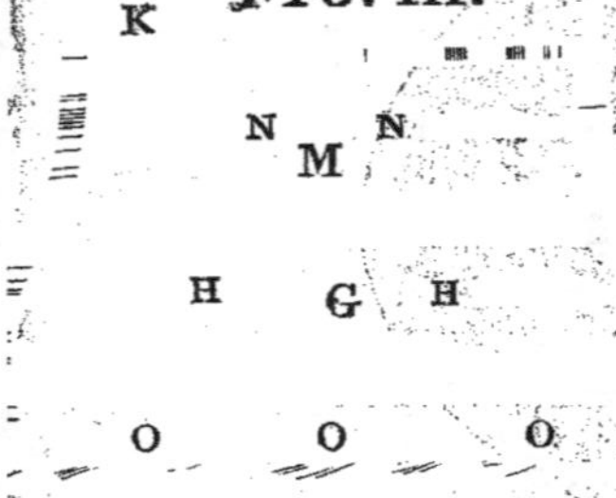

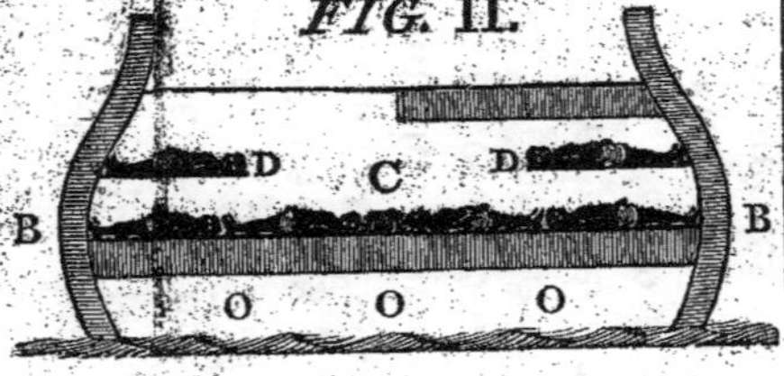

FIG. III.

FIG. VI.

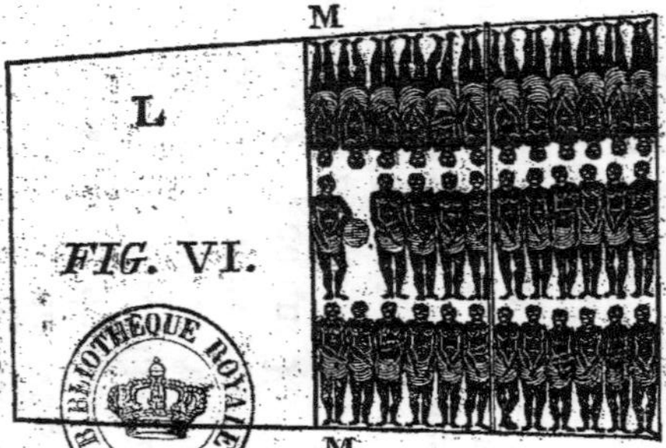

FIG. VII.

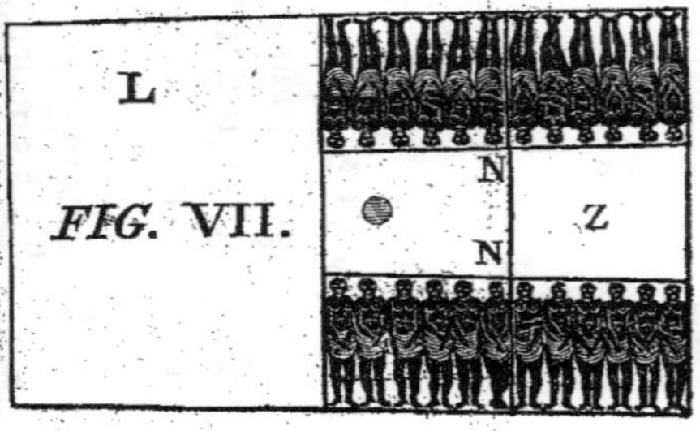

FIG. IV. 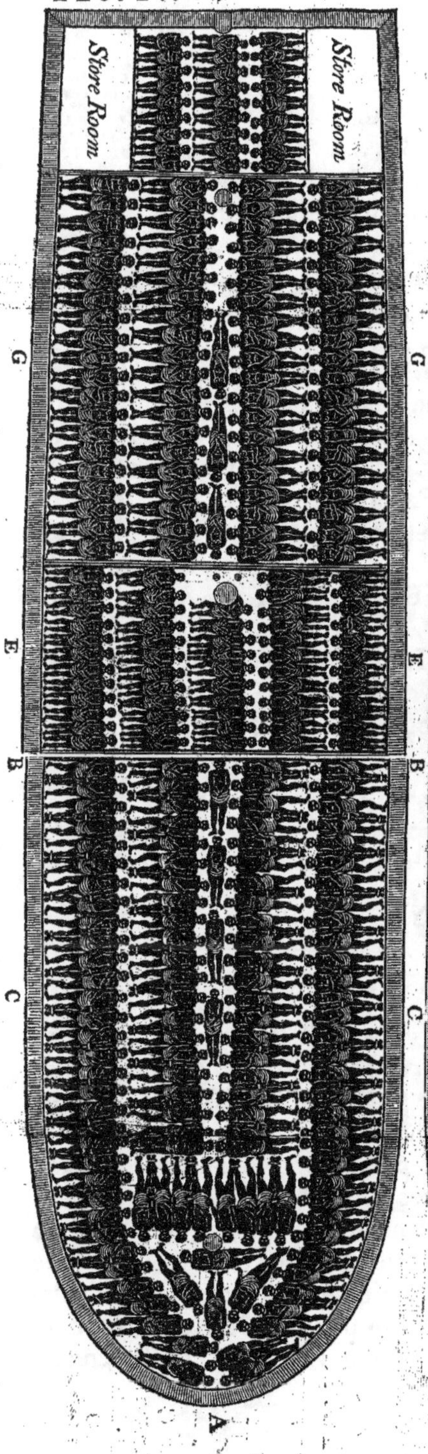
A
Store Room
Store Room
G
G
E
E
B
B
C
C
Store Room
Store Room
A
FIG. V.
A
I
H
G
H
H
F
E
F
C
D
D
A

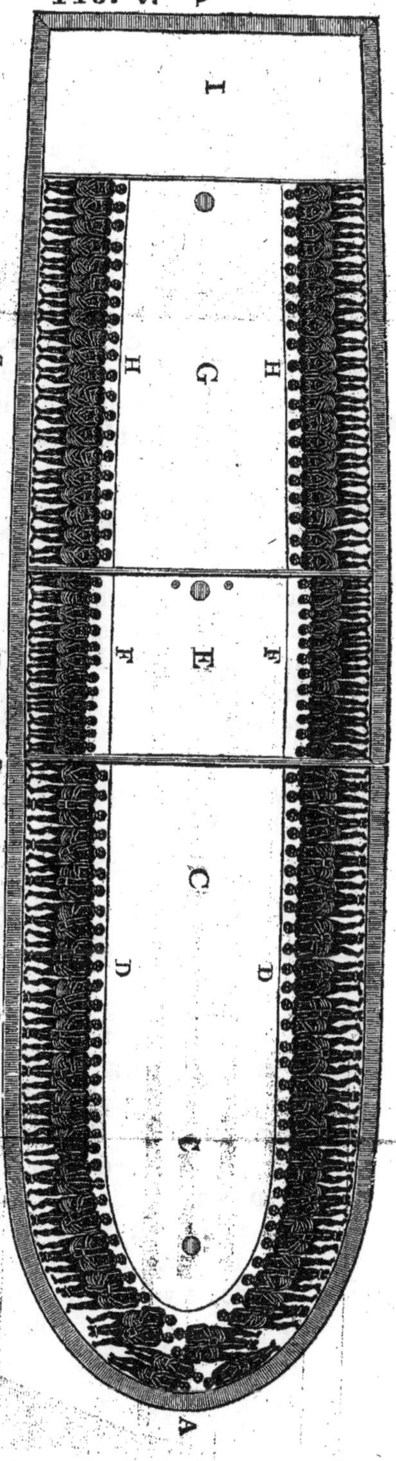

	Anglais. Pieds.	Pouces.
Longueur du premier pont en dedans, AA........	100	0
Largeur du même, en dedans, BB.............	25	4
Profondeur de la cale, OOO. de plafond à plafond.	10	0
Hauteur des entreponts, c'est-à-dire, d'un pont à l'autre,................................	5	8
Longueur de la chambre des hommes, CC. sur le premier pont, ...	46	0
Largeur de dito, CC. sur dito, ...	25	4
Longueur des plate-formes, DD. dans dito, ...	46	0
Largeur des dito, dans dito; de chaque côté, ...	6	0
Longueur de la chambre des garçons, EE........	13	9
Largeur de dito, ...	25	0
Largeur des plate-formes, FF. dans dito........	6	0
Longueur de la chambre des femmes, GG........	28	6
Largeur de dito, ...	23	6
Longueur des plate-formes, HH. dans dito, ...	28	6
Largeur des dito, dans dito, ...	6	0
Longueur de la sainte barbe, II. sur le premier pont,	10	6
Largeur de dito, sur dito, ...	12	0
Longueur du gaillard d'arrière, KK.............	33	6
Largeur de dito, ...	19	6
Longueur de la chambre, LL.................	14	0
Hauteur de dito, ...	6	2
Longueur du demi-pont, MM.................	16	6
Hauteur de dito, ...	6	2
Longueur des plate-formes, NN. sur dito, ...	16	6
Largeur de dito sur dito, ...	6	0
Second pont, PP...........................		

Supposons maintenant que ce sont là les vraies dimensions du vaisseau de la traite, le *Brookes*; et de plus, que l'on accorde à chaque esclave mâle six pieds anglais, sur un pied quatre pouces d'espace : à chaque femme, cinq pieds dix pouces, sur un pied quatre pouces : à chaque garçon cinq pieds, sur un pied deux pouces, et à chaque fille quatre pieds six pouces, sur un pied : il s'ensuit que le plan ci-joint d'un vaisseau de traite représente avec la plus grande exactitude la figure de ce vaissseau qu'il indique, et le nombre précis des personnes, ni plus ni moins, qui peuvent être arrimées dans ses différentes chambres, suivant ces données. En les comp—

tant sur le plan (en déduisant les femmes arrimées dans l'espace Z. des figures VI et VII; lequel espace appartient aux
matelots); ce nombre s'élève à quatre cent cinquante-un. Or,
si l'on considère que le vaisseau le *Brookes* était du port de
trois cent vingt tonneaux, et que la loi(1) lui permettait de porter quatre cent cinquante-quatre personnes, et pas davantage;
il est évident que par l'addition de trois de plus, il y aurait
eu précisément le nombre permis par la loi. Le plan prouve
de lui-même que l'arrimage de ces pauvres gens, le défaut de
place et d'air, et les terribles souffrances qui en dérivent,
doivent être telles que les peignent les témoignages ci-dessus
cités; car si, lorsque quatre cent cinquante et un esclaves sont
mis dans les différentes chambres du vaisseau le *Brookes*, les
fonds (les planchers) ne sont pas seulement couverts de corps
humains, mais ces corps se touchent les uns les autres, quelle
doit avoir été leur situation avant l'existence de cette loi,
lorsqu'on y arrimait ou qu'on y enfermait six cents infortunés
Africains, suivant le rapport du docteur Trotter qui appartenait à ce vaisseau; et six cent neuf, suivant l'aveu des marchands d'esclaves eux-mêmes dans un autre voyage!

Les infortunés Africains, arrachés de leur pays, et traités
de la manière qui vient d'être détaillée, sont souvent poussés
au désespoir qui éclate en différentes manières pendant le
cours du voyage. Les uns essaient de se soulever et de détruire leurs oppresseurs; d'autres deviennent fous; d'autres
se décident de mettre fin à leur misérable existence en se
pendant, en sautant dans la mer, ou en refusant de prendre
de la nourriture. Ecoutons seulement ce que nous disent trois
des témoins d'après leurs connaissances personnelles sur ce
sujet. Le docteur Trotter, médecin, dit qu'un nombre des
esclaves mâles des plus forts dans le vaisseau le *Brookes*,
avaient une nuit scié leurs fers avec un couteau, auquel ils
avaient fait des entailles dans cette vue. Ce vieux couteau leur
avait été envoyé en cachette par une femme esclave hors de
la chambre; mais ils furent heureusement découverts, et on
les empêcha de massacrer l'équipage. Un homme sauta dans la
mer pendant que le *Brookes* était à l'ancre à Annamaboe, et
fut noyé; et un autre pendant que le vaisseau était en mer,
mais il fut sauvé. Une femme sauta aussi dans la mer, elle fut

____

(1) Le Parlement britannique fit une loi pour cet objet, quelques années
avant qu'il abolît entièrement le trafic.

sauvée pareillement ; ensuite on l'enchaîna jour et nuit au grand mât : quelque temps après on la relâcha, elle fit une seconde tentative, mais elle fut sauvée de nouveau : à la fin elle mourut des suites des coups de fouet qui lui furent donnés pour avoir fait ces deux tentatives. Un esclave refusait de manger quand on lui offrait de la nourriture : on découvrit le lendemain de bonne heure qu'il avait essayé de se couper la gorge. Le docteur Trotter cousit la blessure, mais la nuit suivante il n'avait pas seulement arraché les sutures, il avait encore essayé de se couper la gorge de l'autre côté. D'après l'état de déchirement de la blessure, et le sang que l'on voyait sur le bout de ses doigts, il semblait l'avoir fait avec ses ongles ; car, quoique l'on cherchât soigneusement par toute la chambre, on ne trouva aucun instrument. Il déclara qu'il n'irait jamais en esclavage avec les hommes blancs, puis il articulait des sentences incohérentes, et jetait au ciel des regards pleins de désir. Ses mains furent attachées ; mais persistant à refuser toute espèce de nourriture, il mourut de faim au bout de dix jours. Une femme du même vaisseau forma la résolution de se laisser mourir de faim ; elle fut fouettée plusieurs fois pour la faire manger, et l'on fit entrer forcément de la nourriture dans sa bouche ; mais aucuns moyens ne purent la lui faire avaler, et les quatre derniers jours de sa vie elle était dans un état d'engourdissement et d'insensibilité.

M. Wilson nous dit qu'à bord de son vaisseau l'*Elizabeth*, lorsqu'il était à Bonny, les esclaves essayèrent de se soulever : heureusement ils furent prévenus dans leur dessein. Plusieurs d'entr'eux se jettèrent dans la mer afin de se noyer ; mais la plupart d'eux furent attrapés ; cependant un d'eux mourut bientôt après. Un autre périt de la manière suivante : le capitaine et les officiers étant à dîner, entendirent crier qu'un esclave était dans la mer, et courant au côté du vaisseau, ils le virent faire tous ses efforts pour se noyer, en mettant sa tête sous l'eau et levant ses mains. Dans cette position il s'enfonça pour ne jamais remonter, comme un homme qui se réjouit de sortir des mains de ses oppresseurs. Le vaisseau est généralement équipé avec des filets de bastingage très-hauts, autour du pont, pour empêcher ces tentatives, mais il est impossible de les guetter suffisamment. Dans ce même vaisseau était un jeune homme qui semblait en bonne santé ; bientôt il parut prendre sa situation fortement à cœur, tomba dans la mélancolie, un air égaré se montra dans ses traits ; quelquefois il dévorait avidement sa nourriture, et d'autres il la refusait : à la fin il devint turbulent, et peu de jours après il mourut fou. M. Wilson, chirurgien, raconte aussi les faits suivans, arrivés pendant son voyage : une jeune femme trouva le moyen de se procurer du fil de carret, elle l'attacha à la vis (ou l'étau) de l'armurier qui était dans sa chambre ; ensuite elle se l'attacha au cou , et le matin on la trouva morte : elle a dû faire de grands efforts pour parvenir à ses fins. Une autre jeune femme se pendit en attachant du fil de carret à une latte qui était près de l'endroit où elle couchait, et en se glissant en bas de la plate-forme ; le matin on la trouva encore chaude , et l'on employa les remèdes convenables , mais sans succès. Parmi le nombre de cas où l'on fut obligé d'employer la force pour contraindre les esclaves à prendre de la nourriture, M. Wilson raconte celui d'un jeune homme qui avait résolu de mettre fin à sa misère en se laissant mourir de faim ; la douceur et la persuasion furent inutilement employées pour le détourner de son projet : alors on le fouetta sévèrement , mais en vain ; il tenait ses dents si serrées qu'il était impossible de les séparer. A la fin un instrument de chirurgie, dont on se sert pour les cas où les mâchoires sont serrées, appelé *speculum oris*, fut employé, mais les pointes en étaient trop émoussées pour être forcées dans sa bouche. Un couteau à bolus fut essayé ensuite mais sans effet. Après quatre ou cinq jours d'abstinence totale, d'une voix faible il demanda de l'eau ; quand on la lui apporta il la but : M. Wilson conçut alors l'espérance de le dissuader de sa résolution ; mais toutes les supplications furent inutiles ; il resserra ses dents aussi fortement que jamais, et déclara qu'il était résolu de mourir. Cet événement arriva environ neuf jours après qu'il avait commencé à refuser de prendre de la nourriture.

M. Falconbridge dit que l'on s'attendait à un soulèvement des esclaves mâles , quand la moindre occasion se présenterait. Une fois, il acheta dix-huit esclaves qui faisaient partie de la cargaison d'un vaisseau où les esclaves s'étaient soulevés avec succès, et, dans le combat , ils avaient tué tous les blancs, à la réserve de trois ou quatre. Les esclaves alors engravèrent le vaisseau, et s'échappèrent ; mais plusieurs furent repris, et, parmi eux, les dix-huit qui viennent d'être mentionnés. Il a entendu parler de soulèvemens arrivés à bord du *Vulture* de Liverpool et du *Wasp* de Bristol; il sait que des esclaves ont sauté dans la mer par désespoir. Dans son vaisseau l'*Alexander*, l'un força son chemin à travers les filets du bastingage, et fut noyé ou dévoré par les requins.

Une fois, il remarqua qu'un malade, qu'il avait vu la veille au soir, avait disparu; il ne pouvait s'échapper d'autre manière qu'en sautant dans la mer pendant l'obscurité de la nuit, et, dans ce cas, il doit avoir péri inévitablement. Pendant qu'il était à bord de l'*Alexander*, il vit près de vingt esclaves sauter dans la mer, hors du vaisseau l'*Enterprise*; il en vit plusieurs autres se noyer hors d'un gros bâtiment français; il se souvient de deux femmes qu'il était obligé de tenir enchaînées sur le pont, parce qu'elles étaient devenues folles; il attribuait toujours leur folie aux regrets qu'elles devaient éprouver pour avoir été arrachées de leurs familles et de leur patrie. Dans son dernier voyage, on acheta une femme jeune et belle; elle pleura presque toujours, et refusa toute nourriture : dans le courant de trois ou quatre jours, elle paraissait être bien affaiblie; en conséquence, on la renvoya à Bonny pour se rétablir. Ayant respiré son air natal, elle reprit bientôt sa gaîté, prit de la nourriture, et regagna sa bonne mine; mais ayant appris qu'elle devait retourner à bord, elle se pendit. M. Falconbridge assure que plusieurs esclaves refusent leur nourriture, dans l'intention de se laisser mourir de faim : la force était toujours nécessaire pour les faire manger. Il en a vu beaucoup qui ont refusé de prendre des remèdes, étant malades, parce qu'ils désiraient mourir. Une femme, à bord de l'*Alexander*, qui paraissait dans un grand abattement, tomba malade d'une dyssenterie; elle refusa également de prendre aucune nourriture ni aucune médecine. On lui fit demander par l'interprète ce qu'elle souhaitait; elle répondit qu'elle ne souhaitait que la mort, et elle mourut. Plusieurs autres esclaves exprimèrent le même souhait.

Telles sont les scènes, suivant MM. Trotter, Wilson et Falconbridge, chirurgiens, et plusieurs autres témoins qu'il devient inutile de citer, qui se sont passées dans les différens vaisseaux de la traite, depuis le moment de la réception des esclaves à bord jusqu'à celui de leur arrivée dans les colonies européennes : pendant l'intervalle, il est à présumer qu'il arrive une perte considérable d'esclaves, provenant des insurrections, des suicides et des maladies. Cette perte a été détaillée par les différens témoins. Il paraît, en additionnant les différentes sommes, que l'on avait acheté 7904 esclaves, et que 2053 furent perdus de différentes manières; plus, que le quart avait péri dans un voyage de six à huit semaines. Si le reste du genre humain mourait dans la même proportion, toute la race serait éteinte en peu d'années. Les causes d'une mortalité si rapide sont expliquées par bien des témoins, mais nous nous contenterons de l'opinion de trois seulement. M. Wilson, le chirurgien, reçut à bord 602 esclaves, dont 155 moururent; il croit qu'on peut attribuer les deux tiers de ces morts à la mélancolie : il n'en put jamais guérir un qui en était atteint, quoiqu'il réussît par ses médecines avec d'autres. Il a entendu dire aux premiers, dans leur langue, qu'ils souhaitaient mourir; il sait en outre que le capitaine Smith attribuait leur mort à ce qu'ils réfléchissaient sur leur situation. M. Falconbridge, le chirurgien, dit que la mortalité extraordinaire parmi les esclaves, pendant leur voyage, doit s'attribuer aux transitions subites du chaud au froid, à une atmosphère putride, à la malpropreté, étant obligés de rester dans leurs ordures, parce qu'ils sont enchaînés ensemble, mais plus qu'à aucune autre cause à leur esprit ulcéré. Le docteur Trotter remarque dans sa déposition que bien des esclaves mouraient du scorbut. Il croit que si plus de la moitié a été sauvée, c'est par le calme qui a régné pendant leur passage; car environ deux ou trois cents en étaient attaqués à leur arrivée à Antigua; il n'a nulle idée que leur nourriture ait pu produire ce mal indépendant d'autres causes; telles que leur singulier emprisonnement, l'atmosphère méphytisée du vaisseau, avec toutes ces passions qui abattent les hommes à l'excès, et qui sont inséparables de l'état d'un être qui se voit arraché à tout ce qu'il a de cher dans cette vie.

Quand les vaisseaux arrivent aux ports, les esclaves qui ont échappé à la mort sont exposés en vente; elle se fait souvent avec confusion, afin qu'un acheteur ne choisisse pas les plus sains et les meilleurs, privativement à un autre acheteur. Dans ce cas, on leur ordonne de monter sur le tillac, qui est obscurci autant que l'on peut avec les voiles du vaisseau : les acheteurs sont en dehors des voiles, et les esclaves

en dedans ; à un signal donné, les premiers s'élancent en dedans, et saisissent et marquent les derniers avec une confusion et une impétuosité si effrayantes, qu'il y a eu des cas
où ils ont sauté dans la mer. Et ici il faut observer que,
soit qu'ils soient vendus de cette manière ou d'aucune
autre, on n'a jamais soin d'empêcher que des parens soient
séparés. Il s'ensuit de là que le mari est conduit précipi-
tamment à une plantation, la femme à une autre, et les enfans à une autre. S'il en reste quelques-uns dans le vaisseau, ce sont ceux qui par faiblesse ne peuvent ni marcher ni
se tenir debout, et par conséquent, comme tels, personne
ne veut les acheter qu'au plus bas prix, par spéculation.
M. Falconbridge a vu vendre ces esclaves de rebut pour
cinq dollars la pièce, M. Towne pour une guinée, et
M. Ross pour un dollar. Le général Tottenham a vu ceux
qui étaient dans le plus mauvais état, pour qui personne
n'offrait rien, alors conduits dans la cour de la personne
à qui le vaisseau était consigné : on les y laissait périr ; il
en a vu qui ont vécu trois jours dans cet état, personne
ne leur ayant donné ni à manger ni à boire pendant tout
ce temps.

CHAPITRE IV.

*Sommaire des principaux faits rapportés dans les cha-
pitres précédens. — Conclusion.*

Nous avons vu jusqu'ici le caractère des Africains dans
leur pays. Nous avons vu aussi les différens moyens dont on
se sert pour les réduire à l'esclavage, et la manière de les
transporter hors de leur pays, avec les événemens de différentes espèces qui arrivent pendant le passage ; il nous resterait
maintenant à suivre ceux qui survivent jusqu'aux différentes
colonies européennes, et à donner une description de leur
nouvelle et misérable situation, afin que l'entière étendue de
leur misère puisse être vue et appréciée. Mais cette description nous semble maintenant inutile, car si nos lecteurs sont
suffisamment frappés par ce qui a été dit, nous avons atteint

notre but, et, s'ils ne le sont pas, nous ignorons par quel autre moyen on pourrait y parvenir. Nous nous abstiendrons d'entrer dans les détails horribles qui restent, et nous arrivons à une conclusion finale.

Les chapitres précédens révèlent des faits importans. On a vu en premier lieu que les Africains sont des êtres doués des mêmes passions, de la même sensibilité, des mêmes pouvoirs intellectuels, et des mêmes dispositions morales que nous ;

2°. Ils montrent ces qualités avec le plus grand avantage, lorsqu'ils ont la moindre communication avec les Européens.

5°. Il est prouvé que la traite des Nègres coupant les racines de l'industrie parmi eux dans leur pays, elle y empêche tout avancement moral et intellectuel.

4°. La traite des esclaves change et corrompt le caractère de tous ceux qui y sont engagés. Les princes de l'Afrique sont tentés de trahir leurs dépôts sacrés, comme gouverneurs ; les sujets sont animés contre les sujets, et deviennent ennemis entr'eux ; les Européens qui y vont, prennent une nature différente de celle qu'ils montrent chez eux. De là naissent la trahison, la rapine, le meurtre et la désolation. Mais hélas ! ces différens actes d'injustice ne sont pas commis seulement de temps en temps ou par hasard, mais par un système régulier. Ils ne sont pas commis seulement dans un endroit, mais la plus grande partie sont commis sur tout un continent. Bref, dans les annales du monde on ne voit pas un système d'injustice si universel.

5°. Le trafic des esclaves donne naissance à une complication de scélératesses et de calamités sans exemple. Que la situation de ceux qui vivent en de continuelles alarmes pour leur sûreté personnelle, doit être malheureuse ! Mais qu'elle doit être aggravée, lorsque le mal qu'ils craignaient vient à tomber sur les victimes infortunées, lorsque le jour de leur captivité arrive, lorsque les liens de la nature viennent à être rompus, lorsque le fils est arraché à son père, la mère à sa fille, ou le mari à sa femme, ou quand finalement ils sont arrachés de leurs maisons, à leurs parens, à leurs amis, et à tout ce qui leur est cher dans la vie ! Qui peut donner une idée de l'état de leur esprit dans ce moment funeste, ou pendant le temps que leurs cruels acheteurs les chassent et les aiguillonnent vers les vaisseaux, pendant qu'ils quittent la côte, ou lorsqu'ils s'embarquent pour être transportés dans les régions de l'esclavage? Mais si nous ne pouvons pas partager leurs souffrances, comment pourrons-nous les concevoir, lorsqu'ils sont mis dans les fers, dégradés par le fouet, à moitié suffoqués par l'air putride, opprimés par le chagrin et la maladie ; enfin, lorsque leur existence est devenue si insoutenable qu'ils ont recours à la mort par les moyens les plus pénibles et les plus lents, pour la terminer? Mais hélas! leurs souffrances ne peuvent être détaillées dans cette occasion. Peut-être qu'elles ont été mieux peintes par un membre du Parlement britannique, lorsqu'il a dit : « Ja-« mais il n'y eut tant de misère condensée dans un si petit « espace. »

Si les naturels de l'Afrique sont doués de capacités morales et intellectuelles comme les nôtres, alors ils sont hommes ; et par conséquent ils ont tous les droits et les priviléges de l'espèce humaine. Il s'ensuit qu'étant dans un état de nature à l'égard de l'Europe, ils doivent être considérés comme sujets appartenans à des royaumes indépendans ; alors l'Europe n'a pas plus de droit d'autoriser un commerce de leur liberté, ou de dire à ses habitans, « Vous pouvez aller en Afrique et y faire des esclaves, » que l'Afrique n'en a d'autoriser un semblable commerce de la liberté des Européens. De plus — étant hommes, ils sont dans le cas d'invoquer notre sympathie et notre justice : la voix de la nature le proclame. Etant hommes, la religion chrétienne les fait nos frères, car « Dieu « a fait naître d'un seul sang tout le genre humain, pour « habiter sur toute l'étendue de la terre (1); » et nous ne connaissons point d'autre loi pour nous guider dans notre communication avec eux, que de nous conduire envers eux comme nous souhaiterions qu'ils se conduisissent envers nous en de pareilles circonstances : en outre, nous sommes obligés, si nous sommes vraiment chrétiens, d'avoir soin, non seulement de leurs avantages temporels, mais de leurs avantages spirituels. S'ils se trouvent dans l'ignorance, il est de notre devoir de les instruire ; mais de quelle manière les Européens ont-ils rempli ces devoirs sacrés envers leurs frères de l'Afrique? les dépositions nous en ont pareillement informés ; ces Européens, ac-

____

(1) Actes, ch. XVII, v. 26.

coutumés eux-mêmes à la loi et à l'ordre chez eux, ont introduit le démon de la discorde parmi les autres, et couvert leur pays de crimes. Enclins eux-mêmes aux plaisirs, et ayant une aversion pour la peine, ils ont semé ailleurs la misère au-delà de toute expression, et à un degré qui n'avait jamais été vu parmi la race humaine. Possédant des forces supérieures, ils s'en sont servis pour écraser la faiblesse des autres. Possédant des connaissances supérieures, ils s'en sont servis pour prendre avantage de leur ignorance. Au lieu d'augmenter les connaissances des Africains et d'améliorer leurs mœurs, ils ont empêché l'accroissement des unes et des autres. Sans l'Europe, l'Afrique aurait eu son Panthéon comme les autres nations; elle aurait eu ses héros, ses législateurs, ses historiens, ses poètes, ses peintres, ses sculpteurs et ses savans; elle aurait figuré avec éclat dans l'histoire du monde.

TRÈS-ILLUSTRES ET TRÈS-GÉNÉREUX POTENTATS, nous avons eu l'honneur de vous exposer brièvement, d'après des témoignages irréfragables, l'état des malheureux naturels de l'Afrique ! VOUS ne pouvez que trouver juste, que lorsque vos blessures ont été guéries, leurs blessures le soient aussi. VOUS ne sauriez avoir d'autre opinion sinon que beaucoup leur est dû de la part de l'Europe, et qu'on leur doit une réparation pour les torts nombreux dont ils ont été victimes. VOUS êtes donc suppliés au nom de l'humanité, de la justice et de la religion, de faire cette réparation : et VOUS pouvez la faire efficacement, par un concert de volontés, au congrès qui va se tenir. VOUS n'avez qu'à décréter conjointement, contre l'exécrable trafic des esclaves, ce que vous décrétez tous contre le vol et le meurtre. Déclarez qu'il est contraire aux lois de sa nation, et que toute infraction sera punie comme piraterie. Par ce décret vous anéantirez une complication de scélératesses et de calamités sans exemple dans le monde. VOUS ferez naître la civilisation dans toute une partie du globe; VOUS rendrez l'ère du congrès ainsi que vos NOMS, mémorables à jamais, et chers à tous les hommes de bien, et vous échangerez vos couronnes terrestres pour des couronnes incorruptibles et éternelles de gloire dans le monde à venir.

FIN.